QUELQUES MOTS

LES DOCTRINES

DE LA PHYSIQUE MODERNE

PAR

M. Ch. GIRAULT

PROFESSEUR A LA FACULTÉ DES SCIENCES DE CAEN

CAEN

IMPRIMERIE DE F. LE BLANC-HARDEL, LIBRAIRE

RUE FROIDE, 2 ET 4

1875

Extrait des Mémoires de l'Académie nationale des Sciences, Arts et Belles-Lettres de Caen.

QUELQUES MOTS

DOCTRINES DE LA PHYSIQUE MODERNE.

MESSIEURS,

Dans tous les traités de physique, à la première page, on nous apprend, ou plutôt on nous rappelle que les corps se présentent sous trois états, l'état solide, l'état liquide et l'état gazeux ; et l'on désigne collectivement les liquides et les gaz sous le nom de *fluides.*

Ces dénominations de corps solides et de corps fluides répondent à des états bien déterminés de la matière, et elles dureront aussi longtemps que notre langue elle-même.

Mais il n'en est plus ainsi de ces autres fluides, dits *fluides impondérables,* et sous le nom desquels il faut chercher seulement les causes encore mal connues des phénomènes de la chaleur, du magnétisme et de l'électricité.

Ces derniers fluides, en effet, électriques, magnétiques ou calorifiques, ne sont que de pures fictions, de simples hypothèses. La science, qui les laisse encore figurer dans son vocabulaire, a cessé d'y croire ; elle ne les conserve que par habitude, et parce qu'ils lui fournissent un moyen commode de mettre de l'ordre dans les faits, en attendant qu'elle soit en mesure d'approprier son langage aux idées nouvelles qui ont pris déjà chez elle une si large place.

Depuis vingt ou trente ans, une école s'est formée professant cette doctrine, que tous les phénomènes de la nature physique sont des phénomènes de mouvement, que toutes les questions concernant la chaleur, la lumière, le magnétisme et l'électricité, sont des problèmes de dynamique, au même titre que les questions où l'on étudie les mouvements de transport des corps dans l'espace.

C'est à ce point de vue, Messieurs, que je me permets d'aborder devant vous un sujet où l'on pourrait suspecter à bon droit ma compétence. Si le terrain sur lequel je veux m'aventurer un instant ne m'est pas familier, du moins il confine à celui de la mécanique, que j'ai parcouru plus souvent et qui me fournira des repères. Que ce soit là mon excuse, si vous le voulez bien.

Lorsqu'on essaye de classer les forces naturelles, on est conduit à distinguer : 1° la gravitation, qui détermine les mouvements des astres et ceux des projectiles ; 2° les forces moléculaires, c'est-à-dire les actions mutuelles des particules des corps très-voisines les unes des autres ; 3° les forces calorifiques, lesquelles président aux phénomènes de chaleur et de lumière ; 4° enfin, les forces électriques, dont les aimants sont une combinaison particulière.

De ces forces, les unes, à savoir la gravitation et les actions moléculaires, demeurent les mêmes pour les mêmes particules placées dans les mêmes situa- ons relatives ; les autres sont subordonnées à de tout autres conditions.

Quoi qu'il en soit, entre toutes ces forces il existe une intime relation, de telle sorte que très-souvent le jeu des unes détermine celui des autres.

Nous pourrions multiplier ici les exemples ; nous nous bornerons à quelques indications dont il nous faut peut-être excuser d'avance la longueur.

Nous connaissons les mouvements des corps qui tombent et ceux des astres qui circulent ; nous savons nous rendre compte de la manière dont les solides ou les fluides se transmettent de l'un à l'autre le mouvement ; nous voyons chaque jour les forces moléculaires faire vibrer les corps sonores ou déter- miner les formes cristallines ; et si, dans ces divers cas, nous sommes encore inhabiles à prévoir, par le calcul, tous les détails des phénomènes, du moins nous nous formons une assez juste idée des causes qui les régissent. Ces causes, ce sont des forces, dont nous parvenons même à représenter géométri- quement les grandeurs et les directions.

Mais il n'en est plus de même lorsqu'il s'agit de la force calorifique ; et cependant son mode d'action, pour être plus obscur, n'en produit pas moins des effets de mouvement très-manifestes.

Ainsi, c'est la chaleur ajoutée ou retirée qui dilate les corps ou qui les contracte ; c'est elle qui les dissémine en vapeurs ou qui les rassemble en li- quides, puis en solides.

Nous voyons journellement la chaleur du soleil produire des mouvements de végétation, et déterminer, concurremment avec la pesanteur, les courants atmosphériques ou océaniques, la formation des nuages, l'écoulement des glaciers et des fleuves, la chute des pluies ou des neiges.

Nous voyons, aux foyers de nos machines, la vapeur volatiliser l'eau des chaudières et créer ainsi une force élastique qui se transmet, se transforme et s'utilise dans mille mouvements divers.

Si la chaleur provoque le mouvement, le mouvement, à son tour, peut être une source de chaleur.

Ainsi, un gaz brusquement comprimé s'échauffe; il en est de même de l'enclume sous les coups répétés du marteau; la vrille qui perfore le bois ou le métal, devient brûlante sous la main, en détachant des menus copeaux; une roue qui tourne dans l'intérieur d'une masse liquide, en élève la température; deux morceaux de bois sec frottés vivement l'un contre l'autre, peuvent, comme on le sait, prendre feu.

Il est une classe importante de mouvements moléculaires que la chaleur détermine, ou qui, inversement, développent de la chaleur : nous voulons parler des mouvements par lesquels les corps se combinent entre eux ou se résolvent dans leurs éléments. Par exemple, d'une part, l'or, l'argent, le platine, le mercure, se désoxydent par la chaleur; de l'autre, nos principales sources artificielles de chaleur résultent de la combustion de l'hydrogène et du carbone, se combinant avec l'oxygène de l'air.

Ces combustions ne fournissent pas seulement des

foyers de chaleur ; elles fournissent aussi des foyers de lumière. Réciproquement, la lumière produit des actions chimiques, puisqu'elle colore en vert les végétaux, détermine la combinaison brusque de l'hydrogène et du chlore, et prête son concours à l'art du photographe.

A proprement parler, la chaleur et la lumière constituent un seul et même agent susceptible d'états divers, et qui, selon les circonstances, impressionne tous nos organes, ou seulement la membrane délicate dont est tapissé le fond de notre œil. Le soleil nous verse simultanément la chaleur et la lumière ; nous les séparons, il est vrai, l'une de l'autre au moyen du prisme ; mais, en cela, c'est notre industrie qui les isole et non pas la nature ; nous pouvons donc indifféremment donner le nom de chaleur ou de lumière à la force qui émane du soleil.

Cette force peut être modifiée par les actions moléculaires des corps : car les rayons solaires en traversent l'épaisseur ou se réfléchissent à leur surface suivant des lois déterminées, et leur communiquent le plus souvent des couleurs caractéristiques.

Si, par ce qui précède, nous avons établi que les phénomènes de mouvement, de chaleur et de lumière s'engendrent les uns les autres, il nous sera tout aussi facile de montrer qu'à ce point de vue on leur peut adjoindre les phénomènes électriques. Nous n'aurons, en effet, qu'à rappeler des résultats bien connus.

Personne n'ignore que l'électricité peut s'obtenir en frottant le verre ou la résine, et qu'elle donne naissance à des attractions ou à des répulsions entre les corps. — L'évaporation continue des surfaces liquides est regardée comme la principale source de l'électricité atmosphérique. — La chaleur développe dans les métaux soudés ensemble des courants électriques qui concourent, avec l'aiguille de boussole, à former les appareils thermométriques les plus délicats. — Les actions chimiques fournissent des courants indéfinis de ces prétendus fluides, qui, une fois obtenus, peuvent servir à décomposer les corps; qui les échauffent, les fondent, les rendent lumineux ou les volatilisent; qui les transportent ou les déchirent; qui, enfin, reproduisent sur une moindre échelle tous les effets de la foudre, et, plus dociles qu'elle ou plus inoffensifs, sont utilisés pour nos communications télégraphiques.

Il nous reste à parler des phénomènes magnétiques, afin de montrer leur intime connexion avec ceux qui précèdent.

Œrsted, en 1821, a constaté, dans une expérience célèbre, l'action directrice que les courants électriques exercent sur l'aiguille aimantée. C'est là le point de départ de plus d'une découverte brillante, soit dans la science pure, soit dans le domaine de ses applications. — Les courants électriques communiquent au fer doux les propriétés attractives et répulsives qui constituent l'aimant; et, réciproquement, l'aimantation du fer doux peut développer des courants électriques. — Un disque de cuivre placé très-près de l'aiguille aimantée l'influence; s'il est fixe, il la gêne dans son mouvement; s'il est mobile sur son centre, il l'entraîne dans sa rotation. — Un

coup de marteau peut fixer dans un barreau de
fer les propriétés magnétiques ; la chaleur les lui
retire.

Pour clore cette trop sèche énumération, plaçons
ici quelques mots relatifs à une très-belle expérience
de Foucault, où tous les agents dont nous avons
parlé viennent en quelque sorte jouer leur rôle. Dans
cette expérience, les actions chimiques développent
un courant électrique qui aimante une barre de fer
dont on a rapproché les deux bouts, ou les deux
pôles, en la recourbant. Un disque de métal est
disposé entre ces deux pôles et à égale distance. Une
manivelle permet de communiquer à ce disque un
mouvement de rotation rapide sur lui-même, mais
pourtant moins rapide que si le disque était soustrait
à l'influence de l'aimant ; car ce dernier, sans tou-
cher le disque, le ralentit et l'échauffe, comme ferait
un véritable frottement.

Ici donc, vous le voyez, Messieurs, mouvement,
chaleur, force magnétique, force électrique, actions
moléculaires, se commandent ou se subordonnent,
en formant une chaîne ininterrompue.

Il faudrait expliquer, maintenant, comment les
physiciens modernes embrassent, dans une synthèse
générale, tous les phénomènes du monde inanimé,
en partant du principe de la conservation de l'énergie
dans les systèmes en mouvement, sous l'influence des
forces dites gravifiques, moléculaires, calorifiques
ou électriques. Ce principe est qualifié aussi de
principe de l'équivalence entre les forces qui régissent les corps inertes. D'une manière plus simple,

quoique plus vague, on le désigne encore sous le nom de principe de l'unité des forces.

Mais ici, nous sommes en présence d'une science inachevée, c'est-à-dire d'une science qui repose en partie sur des résultats d'expérience, en partie sur des analogies et des conjectures auxquelles l'avenir substituera sans doute d'autres résultats d'expérience.

En attendant, procédons avec circonspection, et, passant sous silence les recherches expérimentales ou théoriques qui concernent les actions chimiques, le magnétisme et l'électricité, bornons-nous à considérer le cas de variations de température affectant des corps en mouvement. Ce cas renferme toutes nos machines à vapeur.

Dans une machine à vapeur, nous remarquons trois choses : du mouvement, des forces mouvantes ou résistantes, de la chaleur perdue ou gagnée.

La considération de ces trois choses conduit à établir trois définitions, dans le détail desquelles, d'ailleurs, nous n'entrerons pas ici.

On définit d'abord l'*énergie* du mouvement, laquelle dépend de la vitesse et de la masse, et est appelée aussi, quoique improprement, la *force vive*.

On définit ensuite le *travail* des forces, et on le mesure en prenant pour unité le *kilogrammètre*, travail d'un kilogramme parcourant un mètre de chemin vertical.

On définit, enfin, la *quantité de chaleur* gagnée ou perdue par un corps, et l'on donne le nom de *calorie* à l'unité qui lui sert de mesure, sans qu'il soit pour cela nécessaire de s'appuyer sur aucune hypothèse relative à la nature intime de la chaleur.

Voici, maintenant, à quels résultats conduit l'expérience :

1° Pour toute machine dans laquelle l'énergie du mouvement ne change pas, et qui n'éprouve ni perte ni gain de chaleur, le travail des forces mouvantes est égal à celui des forces résistantes ;

2° Pour toute machine qui n'éprouve ni perte ni gain de chaleur, si le travail résistant est moindre que le travail moteur, la différence se retrouve sous forme d'accroissement d'énergie ;

3° Pour toute machine dans laquelle l'énergie du mouvement ne change pas, si le travail résistant est moindre que le travail moteur, la différence se retrouve sous forme de chaleur créée, chaque calorie résultant d'un travail de 430 kilogrammètres ;

4° Pour toute machine alimentée par la chaleur, et dont on utilise la totalité du travail, chaque calorie consommée répond à 430 kilogrammètres de travail utile fourni ;

5° Pour toute machine destinée spécialement à produire de la chaleur, et mise en mouvement par des forces, chaque calorie fournie répond à 430 kilogrammètres de travail consommé.

En général, toute machine qui fonctionne produit l'un ou l'autre ou plusieurs des effets suivants : elle transmet le travail des forces en transformant le mouvement ; elle augmente l'énergie du mouvement aux dépens de la chaleur ou du travail ; elle développe du travail aux dépens de la chaleur ou de l'énergie ; elle crée de la chaleur aux dépens de l'énergie ou du travail ; et toutes ces transformations s'effectuent dans des rapports constants et déterminés.

C'est en cela que consiste l'équivalence de l'énergie, du travail et de la chaleur.

Le nombre 430 est appelé l'équivalent mécanique de la chaleur, parce que, dans tous les cas, une calorie créée ou anéantie répond à 430 kilogrammètres consommés ou rendus disponibles.

Comme exemple, nous pouvons mentionner ce qui se passe lorsqu'un gaz est comprimé ou dilaté brusquement ; dans le premier cas, il s'échauffe, par l'effet du travail des pressions que son enveloppe exerce sur lui ; dans le second, il se refroidit par l'effet du travail des pressions qu'il exerce sur son enveloppe.

Les considérations qui précèdent conduisent à regarder comme fictives certaines forces auxquelles, d'ordinaire, on attribue un rôle dans l'étude de quelques mouvements particuliers. Telle est, entre autres, la force de frottement, dont nous allons dire un mot.

Un corps pesant glisse le long d'un plan, et son mouvement n'est pas celui qu'au premier abord indiquerait la théorie ; il est plus lent. Pour se rendre compte de ce qui se passe, voici ce que l'on disait jusqu'à ce jour : « Le plan contre lequel se meut le corps, lui oppose une résistance qui le retarde, et cette résistance absorbe une partie du travail moteur. » Mais arrivent les physiciens modernes, qui recueillent la chaleur développée au contact des deux surfaces, y retrouvent l'équivalent du travail moteur disparu, et disent : « Le mouvement se ralentit, non parce qu'il est contrarié par un frottement, mais à cause de sa conversion partielle en chaleur. »

Une roue, qui peut tourner sur elle-même, est plongée dans l'intérieur d'une masse liquide ; un poids, qui descend comme un poids d'horloge, lui imprime un mouvement uniforme de rotation : d'après l'ancienne théorie, on doit dire que le travail de ce poids moteur est égal au travail de la résistance opposée au liquide par les parois du vase qui le renferme. Mais les inventeurs de la théorie mécanique de la chaleur n'acceptent pas une pareille explication ; ils remarquent que la température du liquide s'est élevée par le fait même de la rotation de la roue ; ils mesurent la quantité de chaleur développée, montrent qu'elle équivaut au travail moteur, et en concluent qu'il n'existe pas de travail de frottement, ni, conséquemment, de résistance au glissement du liquide contre les parois du vase.

Il est d'autres fictions que les physiciens modernes rejettent également : par exemple, les chaleurs latentes de fusion, de vaporisation et de dilatation.

Lorsqu'on chauffe de la glace et qu'elle commence à fondre, la température cesse de s'élever, non pas parce que la chaleur devient latente, mais parce qu'elle est employée à un travail mécanique, parce qu'elle détruit l'association des molécules, qui passent à l'état liquide.

Lorsqu'on fait bouillir de l'eau, sa température demeure invariable, parce que toute la chaleur qu'on lui fournit se transforme en mouvement, et dissémine les molécules, qui passent à l'état de vapeur. La chaleur latente n'a rien à faire ici non plus.

Pour élever d'un degré la température d'un gaz dont le volume reste invariable, il faut moins de chaleur que si le gaz se dilate sous une pression constante : car dans ce dernier cas, un effet mécanique est produit, qui ne l'était pas dans le premier, puisque le gaz, par cela même qu'il se dilate, doit détruire le travail des pressions qu'exerce sur lui son enveloppe. Si ce travail est de 430 kilogrammètres, le gaz doit consommer une calorie de plus que dans le cas où son volume ne change pas.

Les actions chimiques, on le sait, sont généralement accompagnées de variations brusques de température, qui représentent soit de la chaleur dégagée, soit de la chaleur absorbée. Dans le premier cas, qui est celui d'une combinaison, la chaleur dégagée est le produit du travail moléculaire; dans le second, qui est celui d'une décomposition, la chaleur absorbée est employée à un travail moléculaire. Dans les deux cas, le travail ne se manifeste à nous que par des effets de température, qu'il n'y a pas lieu d'attribuer à l'intervention d'une chaleur latente ou d'une chaleur rendue libre.

Il importe de remarquer, Messieurs, que, jusqu'à présent, nous n'avons fait aucune hypothèse sur la nature de la chaleur ; nous sommes resté sur le terrain solide des faits. Mais l'intelligence humaine ne peut se contenter de recueillir des faits ; il faut qu'elle en cherche les causes ; et voici alors à quels raisonnements elle est conduite.

Puisque les forces peuvent engendrer indifféremment du mouvement ou de la chaleur, puisqu'un mouvement peut se transformer dans un autre, puisque la chaleur peut se convertir en mouvement et le mouvement en chaleur, c'est que la chaleur est un mouvement. C'est un mode particulier de mouvement qui ébranle les dernières particules des corps, soit que celles-ci exécutent des oscillations très-petites, soit qu'elles accomplissent de tout autres évolutions. Ici le champ est libre aux conjectures, car il s'agit de mouvements insaisissables d'une vue directe, et ne se manifestant à nos organes que par des impressions de température.

On voit combien cette hypothèse simplifie l'explication des phénomènes. Nous pouvons dire, maintenant, que tout travail est une source d'énergie, en ayant soin de distinguer deux sortes d'énergies, dont l'une s'évalue au moyen de la masse et de la vitesse, dont l'autre se mesure en calories, chacune d'elles pouvant, selon les cas, se transformer dans l'autre, ou se convertir en travail.

C'est ainsi que la chaleur solaire s'emmagasine, sous forme de travail de combinaison chimique, dans les végétaux qu'elle fait croître, et qui, plus tard, la restituent lorsqu'on les brûle. — C'est ainsi que, chez l'homme et chez les animaux, la puissance motrice a pour origine la chaleur interne que la respiration développe. La volonté, en déterminant la contraction musculaire, ne crée pas de la force, mais elle transforme de la chaleur en mouvement : en sorte que le corps de l'animal

peut être assimilé à une véritable machine alimentée
par la nutrition et siége d'une combustion perma-
nente. — D'après les mêmes principes, quelques
astronomes ont voulu expliquer que la température du soleil se maintient constante, par suite
de chutes incessantes, à sa surface, d'aérolithes
venus de l'espace, et dont, au moment du choc,
le mouvement se convertirait brusquement en chaleur; toutefois, suivant d'autres, il est plus vrai-
semblable d'admettre que le soleil se refroidit à
la longue, quoique, depuis plusieurs siècles, aucune
observation directe n'ait permis de constater aucun
décroissement sensible de sa température.

Mais, à propos du soleil, voici que se présente
à nous une question que nous n'avons pas encore
abordée. Comment la chaleur se transmet-elle à distance? Par quelle sorte de mouvement nous arrivent du soleil les rayons calorifiques, les rayons
lumineux, et ces autres rayons, qualifiés de rayons
chimiques, qui ne sont ni chaleur ni lumière, ou
qui sont à la fois l'une et l'autre avant de tra-
verser le prisme? Ici, nous sommes en pleine hypothèse, qu'il s'agisse du système de l'émission ou
du système des ondulations. Nous ne parlerons que
de ce dernier système, qui présente tant d'analo-
gie avec celui par lequel on explique la trans-
mission du son dans l'air et dans les autres milieux.

On admet l'existence d'un fluide très-subtil,
pénétrant la substance de tous les corps, remplis-
sant le vide des espaces célestes, répandu enfin
dans tout l'univers; et l'on donne le nom d'*éther* à
ce fluide. Il existe, pour l'éther, un état idéal

d'équilibre, dans lequel ses particules sont régulièrement distribuées, et maintenues à des distances constantes les unes des autres par des attractions ou des répulsions mutuelles. Si, en un lieu particulier de l'espace, il arrive qu'un groupe de ces particules soit dérangé, l'équilibre général est, par cela même, troublé. Mais ce trouble n'est pas instantané ; il se propage de proche en proche, à partir du lieu de l'ébranlement primitif, à travers tout l'espace, avec une prodigieuse vitesse, et rencontre nécessairement soit des corps inertes ou vivants, qu'il échauffe ou qu'il éclaire ou qu'il modifie chimiquement, soit nos organes, qu'il impressionne et qu'il avertit.

C'est sur cette hypothèse que reposent les travaux des plus grands géomètres.

Leurs recherches, on le conçoit, ne concernent pas seulement la propagation de la lumière et de la chaleur à travers le vide ; elles concernent encore, elles concernent surtout les modifications éprouvées, à la rencontre des corps, par l'un et l'autre de ces agents. Mais, comment appliquer le calcul à l'étude des actions exercées par les corps, si nous ignorons leur constitution intime ? C'est en ayant recours à des hypothèses.

D'ailleurs, on peut renverser le problème, et demander à l'étude expérimentale des phénomènes lumineux de fournir des notions relatives à la nature des corps. On fera des hypothèses particulières sur le groupement des molécules pondérables et sur celui des molécules d'éther qui s'y trouvent entremêlées ; on interrogera le calcul pour découvrir les conséquences de ces hypothèses; et, si l'observation vérifie ces conséquences, on aura le droit d'y voir, dans une certaine mesure, la justification des hypothèses.

Il ne faudrait pas, toutefois, accorder une confiance trop aveugle à cette manière de procéder: car des hypothèses différentes peuvent conduire à des résultats identiques, quoique étant exclusives les unes des autres: en sorte que, si l'observation peut servir à démontrer qu'elles sont fausses, elle n'a pas la même rigueur pour établir qu'elles sont vraies.

Donnons-en ici un exemple frappant, puisé dans les travaux d'optique de géomètres fort recommandables. Nous allons employer certaines expressions sans les définir; la suite montrera que cela ne tire pas à conséquence.

Il s'agit de rendre compte du phénomène de la double réfraction. Pour cela, il faut faire une hypothèse particulière sur la constitution de l'éther renfermé à l'intérieur de certains cristaux. Dans le vide, l'éther est homogène et isotrope. Or, suivant l'opinion d'un premier géomètre, l'éther intérieur au cristal est homogène, mais non isotrope; suivant l'opinion d'un second, le même éther est isotrope, mais non homogène. A cela près, d'ailleurs, les deux géomètres s'accordent, et regardent les molécules pondérables du cristal comme n'exerçant pas d'action sensible sur l'éther en mouvement. Mais, tout au contraire, un troisième considère cette action comme prépondérante, et déclare que l'éther intérieur au cristal est homogène et isotrope, aussi bien que dans le vide. C'est donc avec des points de départ absolument opposés, que tous trois atteignent le même résultat, à savoir, l'explication du phénomène de la double réfraction.

Quoi qu'il en soit, l'étude des propriétés optiques des corps nous donne, sur leur constitution intime, des notions, fort imparfaites sans doute, mais qu'il importe pourtant de ne pas dédaigner.

Des trois états sous lesquels les corps se présentent, l'état gazeux mérite d'arrêter un instant notre attention. Le point de vue nouveau sous lequel on envisage les phénomènes calorifiques, conduit, par une conséquence nécessaire, à renouveler les idées admises sur la nature des gaz.

On les considérait, hier encore, comme des assemblages de molécules séparées les unes des autres par de grands intervalles, se repoussant les unes les autres, et maintenues en équilibre par le fait même de ces répulsions mutuelles et des répulsions dues aux parois des vases qui les renferment.

Aujourd'hui, reprenant des idées plus anciennes, un assez grand nombre de physiciens, sinon tous, inclinent à regarder les gaz comme résultant de la réunion de molécules lancées dans toutes les directions, animées de mouvements de rotation sur elles-mêmes, possédant des vitesses d'autant plus grandes que la température est plus élevée, s'entre-croisant de toutes les manières, se rencontrant rarement, vu leur petitesse, mais rebondissant, à chaque instant et sous tous les angles, contre toute paroi qu'ils rencontrent, et constituant, par ces chocs répétés, ce que l'on appelle la pression du gaz.

Nous n'avons rien à dire de la valeur relative de ces deux hypothèses, si ce n'est que l'une ou l'autre s'impose à qui rejette ou admet la théorie mécanique de la chaleur. Il est bon de remarquer, d'ailleurs, que dans l'hypothèse des physiciens modernes, toute l'acoustique est à refaire.

A propos de la constitution intime des corps, citons, en passant, l'opinion de quelques physiciens, qui les regardent comme formés de points géométriques soumis à des actions mutuelles, et qui éludent ainsi la difficulté de concevoir en quoi consistent la molécule simple et la molécule composée.

Citons aussi, sans apporter de preuves à l'appui, le résultat obtenu par Athanase Dupré, qui évalue à 25 millions au moins, le nombre des molécules renfermées dans la millionième partie de la millionième partie d'un milligramme d'eau !

Revenons maintenant aux questions d'équivalence, et indiquons ce qu'il resterait à faire pour généraliser le principe établi à propos des phénomènes calorifiques.

Il faudrait, comme on a défini l'unité de chaleur, ou la *calorie*, définir l'unité électrique, ou *l'électrie*, et déterminer expérimentalement à quel travail mécanique elle équivaut. Il faudrait aussi mesurer les quantités de chaleur dégagées par les diverses combinaisons chimiques.

De pareilles recherches ont été entreprises, mais laissent encore beaucoup à faire ; et leur exposition dépasserait les limites de notre sujet et de notre compétence.

Mentionnons toutefois les expériences de M. Favre, d'où il résulte que, dans les machines électromotrices, le travail s'obtient aux dépens de la chaleur développée par les actions chimiques génératrices du courant électrique.

Citons, de M. Cazin, les réflexions suivantes : « Ces trois sortes de grandeurs, quantité d'électricité, quantité de travail, quantité de chaleur, sont susceptibles de s'équivaloir dans des rapports numériques déterminés ; elles sont de même ordre ; on peut donc leur donner un nom commun, *quantité d'énergie.* »

Rappelons ce que disait, il y a dix ans, M. Lamé : « La chaleur, l'électricité, le magnétisme, l'attraction universelle, la cohésion, les affinités chimiques, tous ces êtres mystérieux et incompréhensibles, ne sont, au fond, que des hypothèses de coordination, utiles sans doute à notre ignorance actuelle, mais que les progrès de la véritable science feront disparaître. »

Plaçons enfin, au terme de cette course un peu vagabonde à travers les travaux des physiciens, l'hypothèse par laquelle on considère toutes les molécules des corps comme enveloppées, chacune séparément, d'une atmosphère d'éther, qui, lorsqu'elle se trouve en excès ou en défaut, donne naissance aux phénomènes électriques. L'état de ces atmosphères minuscules serait troublé par diverses causes, telles que le frottement, la pression, le clivage, les actions chimiques ; et, sous certaines conditions, l'équilibre se rétablirait brusquement d'une manière durable, ou serait alternativement rétabli et troublé à chaque instant successif. — Nous n'entreprendrons pas d'en dire davantage sur ce point.

Notre sujet, Messieurs, n'est pas encore épuisé, malgré sa longueur. Nous allons donc, si vous le permettez, pénétrer avec vous plus avant dans le champ de la spéculation ; là, nous rencontrerons une hypothèse qui semblera téméraire au premier abord : c'est à savoir la négation radicale et absolue de toute existence de forces dans l'ordre physique.

Qui a jamais vu une force ? Qui l'a touchée, palpée ? Qui jamais, pour la saisir, s'est introduit dans le sanctuaire des causes occultes ?

Les forces ne sont que de simples abstractions, prétendent les novateurs les plus hardis : ce sont des êtres de raison, qu'il ne faut accepter dans la science qu'à titre d'auxiliaires, en se gardant de leur accorder une existence réelle, non plus qu'à Vulcain, Phœbus, Borée, Neptune.

Mais, dira quelqu'un, à tout effet il faut une cause ; la cause du mouvement c'est la force.

On répond à cela, que la cause d'un mouvement c'est, dans tous les cas, un autre mouvement.

Il ne se crée, il ne se perd, dans la nature, ni un atome de matière, ni une parcelle de mouvement. La matière n'est susceptible que de transformations ; il en est de même du mouvement.

« Il est absurde, dit le P. Secchi, d'admettre que le mouvement, dans la matière brute, puisse avoir d'autre origine que le mouvement lui-même. »

D'ailleurs, tous les mouvements ne se manifestent pas à nos organes de la même manière. Il en est qui consistent dans des déplacements nettement saisissables ; il en est d'autres qui ne peuvent être perçus individuellement, et qui produisent, soit les changements d'état des corps et leurs modifications chimiques, soit des effets de chaleur ou de lumière, de magnétisme ou d'électricité.

Les sons se prêtent, suivant le point de vue, à figurer dans l'une ou dans l'autre de ces deux catégories.

« A chaque instant, dit M. Henri Sainte-Claire-Deville, le mouvement se transforme en chaleur, laquelle on peut transformer en électricité, et, par suite, en agent capable de produire ou de détruire toutes les combinaisons chimiques...... Même en mécanique, ajoute-t-il, toute notion de la cause du mouvement, de la force, est absolument inutile. »

Ainsi, Messieurs, tous les phénomènes de la nature physique sont des phénomènes de mouvement, et le principe expérimental de l'équivalence entre les mouvements et les forces se résout dans le principe plus simple de l'équivalence entre les mouvements, c'est-à-dire dans le principe de la conservation de l'énergie.

Il peut paraître si singulier de vouloir nier l'existence des forces, qu'il ne sera pas hors de propos d'insister ici sur un cas particulier dans lequel les arguments des novateurs se présentent avec tout leur relief.

Supposons que deux molécules de forme quel-
conque soient animées de mouvements tels qu'elles
tendent à venir occuper simultanément le même
lieu de l'espace. La matière étant impénétrable,
il est clair qu'avant d'arriver en ce lieu, leur
mouvement sera nécessairement modifié ; il le
sera à partir du moment où commencera le choc
des molécules ; et, si l'on connaît la loi suivant
laquelle le choc modifie les vitesses, on connaîtra
le mouvement des deux molécules après le choc.
En tout ceci, les forces n'ont rien à faire. Sans
doute, on peut dire qu'à l'instant du choc il se
développe, au point de contact, des forces égales
et contraires tendant à écarter les molécules, et
qui, une fois connues, font connaître les mouvements ultérieurs ; mais cette introduction des forces
n'a rien de nécessaire. Au lieu d'invoquer la loi
d'action des forces, il est plus direct et plus simple
d'invoquer la loi suivant laquelle le choc modifie
les vitesses. Les forces n'arrivent donc que par
surcroît, et sans apporter de lumière dans la
recherche des causes. La cause du mouvement de
chaque molécule après le choc, c'est le mouvement des deux molécules avant le choc. Quand on
a dit cela, on a tout dit.

Voilà qui va bien, parce qu'il s'agit de forces
répulsives. L'esprit, en effet, accepte volontiers
que toute répulsion entre les corps puisse être
considérée comme résultant du choc mutuel de
ces corps ou de leur choc contre des corps inter-
médiaires. Mais, que dire des forces attractives ?
Comment les ramener à de simples chocs ? Comment,

si nous rejetons les forces attractives, concevoir la
solidité des corps et les mouvements des astres ?

Dès qu'il n'existe pas de forces, il n'existe pas
d'équilibre ; toutes les molécules des corps pondérables, toutes les molécules de l'éther sont dans une
agitation perpétuelle. Elles se heurtent sans cesse
et rebondissent les unes contre les autres. Mais,
alors, comment les molécules d'un même corps
restent-elles emprisonnées dans la forme de ce
corps ? Serait-ce parce qu'elles rebondissent contre
les molécules des corps voisins ? Ne doit-on pas
plutôt s'attendre à ce qu'elles glisseront dans les
intervalles laissés libres : en sorte que tous les corps
devraient, à la longue, se pénétrer les uns les autres
et se confondre ?

C'est ce qui arrive, en effet, répliquent les ad-
versaires des forces. Il n'est pas de corps, si dur
qu'il soit, qui n'ait une certaine odeur, et qui,
par conséquent, ne laisse échapper ses molécules ;
il n'est pas de liquide qui ne dissémine les siennes
sous forme de vapeurs ; il n'est pas de vapeur qui
ne s'épande dans l'espace qu'on lui ouvre, quelque
grand que soit cet espace.

Quant à rendre compte, au moyen des chocs, de
la gravitation des corps célestes, la chose est plus
embarrassante encore ; mais l'école nouvelle n'en
regarde pas moins comme essentiellement impos-
sible l'action mutuelle de deux corps à distance,
que cette distance soit de plusieurs millions de ki-
lomètres, ou qu'elle soit d'un millionième de mil-
limètre ; car le plus ou moins d'intervalle ne change
rien à la difficulté de concevoir une influence s'exer-

çant à travers le vide absolu. De toute nécessité,
disent-ils, il faut un intermédiaire ; et cet intermédiaire, c'est l'éther lui-même. Partant de là, ils
expliquent que les corps sont poussés les uns vers
les autres par les chocs répétés des molécules
d'éther qui les pénètrent et qui les entourent ; et
ils établissent, relativement au mouvement de
l'éther, les principes qui leur sont nécessaires pour
rendre compte des phénomènes observés.

Quoi qu'il en soit de leurs explications (qui au-
raient, d'ailleurs, pour effet de réduire en quelque
sorte à néant la plupart des grands travaux de la
physique mathématique), elles présentent encore
une telle inconsistance et de telles difficultés, que
nous ne devons mettre aucune hâte à écarter la
considération des forces. Ces dernières constitueront
longtemps, sinon toujours, d'indispensables auxiliaires ; et, comme nous pouvons y recourir sans
rien préjuger sur leur existence, elles ne mettront
jamais obstacle à ce que nous fassions bon accueil
aux idées nouvelles parvenues à maturité.

Continuons donc à opposer aux partisans de la
doctrine des chocs, une prudente réserve plutôt
qu'une fin de non-recevoir, et ne perdons pas de
vue que, bien souvent, l'utopie de la veille est la
vérité du lendemain.

Caen. — Typ. Le Blanc Hardel